RELATION

DE M. LE BARON D'ANTRECHAUS,

CAPITAINE DE VAISSEAU HONORAIRE,

DÉPUTÉ EN 1820,

ÉCHAPPÉ AUX MASSACRES DE QUIBÉRON.

Le produit de la vente doit être versé dans la caisse de souscription pour l'érection du monument.

PARIS,

CHEZ { L. G. MICHAUD, libraire, place des Victoires, n° 3 ; DENTU, DELAUNAY, PONTHIEU, } Libraires, au Palais-Royal.

1824.

RELATION

DE M. LE BARON D'ANTRECHAUS,

CAPITAINE DE VAISSEAU HONORAIRE, DÉPUTÉ EN 1820,
ÉCHAPPÉ AUX MASSACRES DE QUIBERON.

LE PRIX DE LA VENTE EST DESTINÉ AU MONUMENT.

Au moment où l'on va élever un monument aux
malheureuses victimes de Quiberon, peut-être li-
ra-t-on avec quelque intérêt les détails qui ex-
pliquent comment j'ai pu échapper à cette boucherie ; en les rappelant, je remplis d'ailleurs un
devoir sacré envers les bons habitans de Vannes ,
auxquels je dois la vie : près de trente ans n'ont
point affaibli ma reconnaissance ; sans doute il en
existe encore ; ils verront avec plaisir que je ne les
ai point oubliés, et ils apprendront aux enfans de
ceux qui ne sont plus, tout ce que je dois à leurs
pères.

Je pourrais en quelque sorte me regarder comme
le représentant vivant de toutes les victimes de
mon corps, puisqu'il n'y a que le malheureux M. de
Chaumareix et moi qui ayons échappé des prisons

de Vannes, après le massacre des officiers de l'ancienne marine, de cette marine en tout temps si dévouée, dont il ne m'appartient pas de faire l'éloge, mais dont les restes glorieux sont aujourd'hui comme les ruines d'un monument du règne de Louis XVI, qui apprend à la France, miraculeusement restaurée sous le sceptre légitime des Bourbons, que ces vieux marins, toujours fidèles à Coblentz, à l'armée de Condé, à la Vendée, à Quiberon, partout firent leur devoir.

Cet événement est déjà bien loin de moi, et je craindrais que ma mémoire me servît mal pour rappeler les circonstances qui se rapportent à l'expédition; je ne parlerai donc que de la manière dont je me suis sauvé, et de quelques faits sur lesquels je n'ai aucun doute.

J'étais lieutenant dans le régiment d'Hector, formé en Angleterre, et composé en entier des officiers de l'ancienne marine.

Nous partîmes de Lymington, le   juin 1795, pour faire une descente sur les côtes de Bretagne, où les habitans nous désiraient comme des libérateurs.

Les officiers de la marine anglaise nous firent la politesse de nous prendre à leurs bords; et nous assistâmes au combat qu'ils livrèrent à l'escadre républicaine, commandée par l'amiral Villaret-Joyeuse, sur la côte de l'Orient.

L'esprit était alors excellent dans cette partie de la France; nous passâmes la journée, après le combat, assez près de terre pour voir les dames agiter leurs mouchoirs blancs, comme pour nous appeler de leurs vœux.

Ce succès leva tous les obstacles qui auraient pu s'opposer à notre débarquement. Nous mouillâmes dans la baie de Quiberon, avec le convoi qui nous avait rallié, conduit par le commodore sir Borglas-Warren.

Le lendemain, un chasse-marée, avec pavillon blanc, nous amena le malheureux chevalier de Tinteniac qui, le 14 juillet suivant, périt à Coetlogon, tenant un drapeau blanc qu'on ne put jamais lui arracher.

Nous restâmes, je crois, deux ou trois jours avant de débarquer à Carnac, où nous fûmes reçus *comme des libérateurs;* nous voyions ces braves Bretons, ayant des prêtres à leur tête, arriver en processions, portant la croix, la bannière du cœur de Jésus, des drapeaux blancs, et chantant des hymnes à l'Éternel.

Les femmes se mettaient à l'eau pour amener nos embarcations à terre; d'autres nous montraient leurs enfans en pleurant de joie; ce que j'éprouvais ne peut se décrire. Qu'on se représente des Français qui, après avoir perdu l'espoir de revoir leur patrie, s'y voyaient accueillis avec tant d'amour. De tous côtés on se mêlait, on s'embrassait, on pleurait, on riait. Bons Bretons, je n'oublierai jamais ce tableau; vous êtes le peuple le plus vertueux et le plus pur de la terre, et pendant tout le temps que j'ai passé parmi vous, votre beau caractère ne s'est pas démenti un seul instant.

Notre petite armée se composait des régimens de d'Hervilly, d'Hector, de Dudresnay et d'un corps d'artillerie, commandé par M. le marquis de Rothalier; le tout, sous les ordres de M. le comte d'Hervilly, pouvait s'élever à trois mille hommes. M. de Puisaye commandait les chouans; il avait promis de soulever la Bretagne; il tint parole.

Nous armâmes en deux jours près de dix-sept mille Bretons, qui se répandirent dans l'intérieur, nous ne rencontrions d'obstacles nulle part. La peur, parmi nos ennemis, avait grossi notre petite armée, où régnait la confiance. Nous marchâmes en avant jusqu'à un village à cinq lieues de la côte, que l'on appelle, je crois, Landevan. Nous y fûmes reçus encore comme des envoyés du ciel; des femmes venaient se prosterner devant nous : C'est Dieu, disaient-elles, c'est Dieu qui nous les envoie! Tous leurs maris nous suivaient et demandaient des armes.

La France était alors si malheureuse qu'elle eût imité la Bretagne, et je n'ai aucun doute que si nous eussions continué d'avancer, nous ne fussions arrivés à Paris avec une armée de cent mille hommes.

Mais j'ai dit que je ne parlerais que du corps dont je faisais partie; je m'abstiens donc de conjectures sur le mauvais génie qui opéra notre retour.

Je me borne à dire, qu'après avoir débarqué le 27 juin devant Carnac, après avoir occupé Auray et marché en avant, nous reçûmes l'ordre de nous replier sur le point de notre débarquement.

Alors la désolation et le désespoir s'emparèrent des malheureux habitans : Vous nous vouez à la mort, disaient-ils. Que vous avons-nous fait? Pourquoi êtes-vous venus, si vous deviez vous retirer? et nous répétions avec eux : Pourquoi nous en allons-nous?

Nous revînmes donc prendre notre poste de Carnac; et là, il fut convenu que cette position n'étant pas tenable, si l'ennemi revenait de sa frayeur, il fallait nous en assurer une plus avantageuse. C'est alors qu'il fut décidé de s'emparer du fort Penthièvre qui fermait la presqu'île de Quiberon; ce que nous exécutâmes le 3 juillet, à neuf heures du matin, sans éprouver beaucoup de résistance. La garnison se rendit à discrétion ; nous la reçûmes en frères, et une portion se fit incorporer dans nos troupes *.

Quand on fut maître de ce fort, on se crut inattaquable. La sécurité fut telle, que le commodore Warren fit débarquer au port d'Orange, des effets pour armer vingt mille hommes, et des vivres pour les nourrir pendant trois mois.

---

* On en forma deux compagnies, dont l'une continua même de faire partie de la garnison du fort. On verra plus tard les suites fatales de cette imprudence.

Nous n'avions pas de tentes, c'était la seule chose qui nous manquât. Le commodore proposa de nous donner des voiles pour les remplacer. On préféra de nous cantonner dans les villages de l'intérieur de la presqu'île ; et c'est à cette détermination que nous avons dû tous nos malheurs, puisqu'étant ainsi éparpillés à deux ou trois lieues du point que nous avions à défendre, nous ne fûmes informés de la reprise du fort Penthièvre, par les républicains, que deux ou trois heures après l'événement.

Je ne veux offenser personne ; je ne sais pas même qui je pourrais offenser ; un lieutenant n'est pas initié dans les mystères de la politique. Je pardonne à celui qui nous a mal dirigés, quel qu'il soit ; mais j'ai trop souffert pour l'oublier.

En effet, en ne profitant pas de l'enthousiasme que nous avions inspiré, et en nous renfermant dans cette malheureuse presqu'île, quel pouvait être notre but ? Il était hors de doute que la Convention, revenue de son effroi, allait envoyer toutes ses forces contre nous, tandis que nous ne pouvions grossir notre armée d'un seul homme : tôt ou tard cette catastrophe devait arriver. Pouvions-nous compter sur nos troupes, recrutées parmi les prisonniers en Angleterre, sans les mener de succès en succès ? c'était peu connaître les Français ; il leur faut de la gloire, toujours de la gloire et ils y demeurent fidèles sous tous les drapeaux.

Les Bleus, comme on les appelait alors, vinrent s'emparer de l'autre extrémité de la presqu'île, et y formèrent un camp retranché dans un lieu appelé Sainte-Barbe. Nous faisions souvent des sorties dont le résultat se bornait à la perte de quelques hommes de chaque côté ; une pourtant, fut très-heureuse ; nous surprîmes la nuit les avant-postes ennemis, et nos soldats revinrent bien contens, emportant tout ce qu'ils avaient trouvé dans leur camp.

Toutefois, la prolongation de cet état stationnaire devenait désastreuse pour l'armée royale. Renfermés dans la presqu'île, les soldats que nous avions recrutés parmi les prisonniers sur les pontons anglais, croyaient à peine avoir changé de prison et se décourageaient. Nos chefs sentant, je pense, le besoin de remonter l'esprit des troupes, ordonnèrent, le 16 juillet, une attaque contre le camp retranché de Sainte-Barbe.

L'ennemi nous laissa avancer jusqu'à vingt pas sans tirer un coup de fusil ; alors il démasqua ses batteries et dans trois minutes la moitié de notre petite armée fut sur le carreau.

Le corps de la marine, plus en face des batteries, y fut encore plus maltraité que les autres. Nous y perdîmes les trois quarts du régiment, et plus de soixante officiers de la marine. La presque totalité d'une compagnie composée d'élèves de la marine y périt aussi en voulant protéger notre retraite.

M. le commandeur de la Laurencie, capitaine de vaisseau, y ayant eu les deux jambes emportées par un boulet, ne voulut jamais permettre qu'on le portât au camp. Il donna sa bourse aux grenadiers qui voulaient lui rendre ce service : « Il ne s'agit pas de moi, leur dit-il, laissez-moi » mourir ici. Si vous voulez me servir, retournez » vous battre. Vive le roi ! » Il fut ramassé par l'ennemi et fusillé.

C'est encore à cette malheureuse affaire que fut blessé le brave comte d'Hervilly qui mourut après en Angleterre, peut-être autant de chagrin que des suites de ses blessures.

Le surlendemain 18 juillet *, une rencontre eut lieu entre l'un de nos chefs de chouans et le général républicain Humbert, dont la conversation, peut-être mal rendue, produisit le plus mauvais effet. Ce général, disait-on, avait assuré que nos prisonniers étaient traités avec la plus grande humanité et pouvaient librement retourner chez eux **.

---

* J'avais d'abord fixé cette rencontre à une date antérieure ; je l'ai rectifiée d'après les éclaircissemens qu'a bien voulu me donner M. de Chièvres, aujourd'hui député. Il était alors officier d'artillerie, et dirigeait, à l'affaire du 16, deux pièces de canon qui nous furent du plus grand secours. Il a écrit une relation des désastres de Quiberon, que je l'engage fort à publier.

** Et le brave Laurencie avait été mis à mort la surveille !

Cette conversation, fausse ou vraie, se répandit et fit un mal incalculable. Dès que nos soldats ne craignirent plus de trouver la mort dans les rangs ennemis, la désertion fut impossible à arrêter, et l'un de ses résultats fut la perte du fort Penthièvre, qui nous fut enlevé le 21. Mais avant de raconter comment il fut pris, je dois donner quelques renseignemens sur la manière dont il était défendu.

Nous avions fait sur la falaise un ouvrage en sable où l'on avait établi quelques canons; il manquait du côté de la mer, dans le donjon, partie d'une muraille d'enceinte que l'on avait toujours négligé de réparer; parmi nos déserteurs, un sergent du régiment d'Hervilly apprit au général de la Convention que le fort n'était gardé que par trois cents hommes, et que le reste de nos troupes était répandu dans les villages de la presqu'île; il ajouta qu'il se chargeait de le prendre, en y introduisant les républicains par le donjon : son plan ayant été agréé, il choisit pour l'exécuter la nuit la plus favorable; il faisait un affreux coup de vent sud-ouest, et une pluie à torrens; les coups de tonnerre se succédaient sans interruption. Il fit marcher sa troupe dans l'eau de chaque côté de la falaise. A la lueur des éclairs, elle fut aperçue par les canonniers de l'ouvrage avancé, qui tirèrent plusieurs coups, et la mirent en déroute. Le transfuge la rallia, disant qu'il n'était plus temps de reculer, que le danger était passé; il la conduisit ainsi de rochers en rochers, et l'introduisit par le donjon, où, après avoir égorgé la sentinelle, elle descendit et surprit le reste de la garnison, composée d'un détachement du régiment de Damas et d'un autre de canonniers de Rothalier qui, quoique surpris, se défendirent avec la plus grande valeur et périrent presque tous avec leurs officiers.

J'étais couché, et, par un pressentiment de quelque grand malheur, que je ne pouvais écarter, joint au temps affreux qu'il faisait, je n'avais pu dormir. Tout-à-coup je crois entendre battre la générale, je me lève à la hâte; le peu de personnes que j'interroge me répondent qu'elles ne savent rien; je rencontre M. De Froger de l'Eguille, major du régiment, qui m'apprend que le fort est pris, et m'ordonne de réunir tout de suite ma compagnie.

Le tambour ne pouvant se faire entendre, il ne fut pas aisé de réveiller nos soldats. Enfin à sept heures et demie nous y parvînmes; nous nous portâmes vers le fort, mais à peine eûmes-nous fait quelques pas, que nous rencontrâmes une colonne ennemie qui nous obligea à nous replier vers l'extrémité de la presqu'île, où nous trouvâmes les débris des autres régimens. Nous nous mîmes en bataille en face des républicains.

C'est ici que commence le beau rôle de M. de Sombreuil. Il était débarqué de la veille, ayant sous ses ordres les restes des régimens de La Châtre,

de Damas , etc. , etc. * , qui arrivaient du conti-
nent, où ils s'étaient si bien montrés , et par l'ab-
sence de M. le comte d'Hervilly blessé , il se trou-
vait commander notre petite troupe. Quelques officiers républicains s'avancèrent et proposèrent une
capitulation**; M. de Sombreuil leur répondit qu'il
n'en voulait point pour lui, mais qu'il l'accepterait
pour ses braves camarades. Il s'avança entre les
deux troupes ; le général Hoche ayant fait de même
lui dit qu'avant de rien stipuler , il fallait faire cesser le feu d'une corvette anglaise embossée assez
près de nous, et qui , par-dessus nos têtes, dirigeait
sur les Bleus un feu soutenu; mais par quels moyens
au milieu de la tempête, parvenir à cette corvette?
M. de Sombreuil entre dans l'eau avec son cheval
qui le ramène au rivage ; alors M. de Géry de Papeu ,
officier de la marine , par le plus beau dévoûment
brave une mort presque certaine; il se déshabille,
se jette à l'eau , lutte contre une mer affreuse ,

* L'esprit des troupes républicaines était si différent de
celui de la convention , que les soldats nous criaient : « Ne
» tirez pas, mettez-bas les armes ; on ne vous fera aucun
» mal. » On fut obligé d'employer pour les fusillades des
soldats belges et liégeois.

** Le jour que le fort nous fut enlevé , M. le baron de Damas, colonel du régiment de ce nom , préféra trouver la
mort dans les flots, plutôt que de la recevoir de nos bour-
reaux ; il se jeta dans l'eau avec son cheval et se noya. Plus
heureux, M. le baron de Levis, blessé, dut la vie à la générosité des braves Bretons qui le portaient. « Approchez » ,

parvient à bord de la corvette, dit : *nous avons capitulé, ne tirez plus*, et revient à terre. Nos ennemis, frappés de cet excès d'honneur, lui fournirent de leurs sacs de quoi se vêtir. Infortuné Géri ! c'est à vous surtout qu'il faut élever un autel ; votre action sublime n'est point assez connue : des tigres vous ont fait fusiller ; mais n'en accusons pas les Français : comme vous ils périssaient en masse dans toute la France !

M. de Sombreuil capitula verbalement, ne pouvant faire mieux ; il s'excepta seul du traité. Il fut convenu que les émigrés auraient le choix de se rembarquer, ou de retourner chez eux : à ces conditions nous nous rendîmes.

Cette capitulation ayant été niée depuis par ordre de Tallien et de Blad, le général Hoche n'eut pas assez de grandeur d'âme pour la soutenir, et trop de remords pour être le témoin de son manque de foi, il alla se cacher à Rennes pendant les massacres.

---

criaient-ils au capitaine Keats, montant le seul canot anglais qui se tenait à la portée de la voix, mais au large dans l'appréhension d'être submergé par la foule qui s'y serait précipitée; « nous ne demandons pas que vous nous preniez à bord; » embarquez seulement notre commandant qui est blessé. » Un porte-drapeau du régiment d'Hervilly ajoute : « Sauvez » mon drapeau, et je meurs content. » M. le capitaine Keats approche, le duc de Levis est glissé, enveloppé dans le drapeau, et personne ne tente de le suivre !

Nota. Ce qui concerne M. de Levis est extrait de l'*Histoire de la Vendée*, par Alph. Beauchamp.

Quand M. de Sombreuil parut devant la commission militaire, il réclama la mort pour lui, et la foi des traités pour nous : la commission ayant prononcé qu'elle ne reconnaissait de capitulation pour personne, le général s'adressa aux grenadiers républicains présens à son jugement, et en appela à l'honneur français : cet appel eut le résultat qu'il devait avoir ; tous s'écrièrent en même temps, et jurèrent de la manière la plus énergique que le général disait vrai ; mais les représentans avaient résolu d'égorger, et ils ne voulurent rien entendre.

Je dois placer ici une circonstance dont je fus informé après l'événement et qui sert à expliquer la conduite de l'escadre anglaise dont nous ne reçûmes aucun secours, à l'exception des embarcations du vaisseau *le Robuste* et de *la Galatée* : il m'a été assuré, et j'aime à le croire, que le commodore sir Borglas Warren, commandant l'escadre, avait donné l'ordre à ses officiers de quart de le prévenir quand, dans la nuit, le fort, ou l'ouvrage avancé, tirerait deux coups de canon : c'était le signal d'alarmes. Ce signal fut donné, mais comme les coups de tonnerre ne discontinuaient pas, il fut vraiment impossible de rien distinguer. L'officier de service fit part de ses doutes à son général ; celui-ci partit dans un canot pour s'en assurer. Le vent et la marée le portèrent au fort dans un instant ; il fut près de trois heures pour revenir à son bord. Nous avions la douleur de voir toutes les embarcations armées, ne faire aucun mouvement en notre faveur : les capitaines attendaient sans doute le signal ; mais ce signal ne put avoir lieu, le général étant dans son canot.

Je suis bien aise de rendre ici justice aux Anglais, chez lesquels nous avons trouvé tant de secours, et de les absoudre d'un reproche que j'ai entendu souvent adresser à leur gouvernement ; dans cette circonstance, ils perdaient des approvisionnemens immenses, et s'ils avaient eu l'idée atroce qu'on leur a quelquefois supposée, ils ne les auraient pas débarqués ; car rien ne les forçait à se hâter de le faire.

Pendant que nous capitulions avec le général Hoche, une scène affreuse se passait sous nos yeux : des hommes, et des femmes portant leurs enfans, la figure livide d'effroi et de rage, arrivaient au bord de la mer, y entraient, marchaient toujours, et allaient au-devant de la mort, ils n'entendaient rien, je n'en ai pas vu retourner un seul. Cette scène, quand je me la représente encore après trente ans, me cause une horreur que je ne puis exprimer ; pendant bien long-temps elle m'a poursuivi, et, au moment où j'écris, je pourrais peindre les traits de la plupart de ceux que j'ai vu périr. Une jeune fille de dix-huit ans au plus, nue en chemise, belle, je crois, s'il est possible de placer ce mot ici, était déjà entrée dans l'eau ; je veux la retenir, je ne puis en obtenir ni un mot, ni un regard.

Après la capitulation, un propos que j'entendis tenir à un officier républicain, qui paraissait nous plaindre, détruisit toute illusion sur le sort qui nous attendait. Je me trouvais alors par hasard avec M. de Chaumareix, mon camarade, que je connaissais peu * ; nous nous communiquâmes nos réflexions dont le résultat fut de nous diriger vers le fort pour essayer de sortir de la presqu'ile sans être aperçus : ce projet était hors de toute raison, aussi fûmes-nous bientôt arrêtés par quatre soldats républicains qui nous conduisirent vers le fort : je me souviens que l'un d'eux m'ayant demandé de l'argent, je lui donnai douze francs ; après les avoir gardés quelques minutes, il les retira de sa poche et me dit en me les rendant : *Tiens, reprends-les, tu en as plus besoin que moi.* Un autre qui portait un pain au bout de sa baïonnette le partagea avec nous. J'ignore le nom de ces braves gens ; s'ils vivent encore, puissent-ils lire cette relation et se reconnaître.

Dans notre marche, nous nous croisâmes avec une charrette sur laquelle était M. de La Ferté, mon camarade et mon bon ami ; il avait eu la cuisse cassée, il était dépouillé de tout : je lui remis deux guinées, l'embrassai, et ne l'ai plus revu.

* Avec lequel je me suis sauvé des prisons de Vannes, et qui depuis a été si malheureux. Il a dû regretter de n'avoir pas demandé à subir son jugement dans la tour de Vannes, il y aurait au moins trouvé des amis.

Le représentant Tallien, que nous rencontrâmes et à qui nous demandâmes où l'on nous conduisait, répondit qu'il donnait l'ordre que ce fût au camp de Sainte-Barbe, et que nous y serions traités avec tout le respect dû au malheur. (Cet homme si humain provoquâ depuis et notifia l'ordre de tout fusiller.) D'après notre plan, nous nous trouvâmes heureux de ne point aller au fort, et de sortir de la presqu'île.

Le camp de Sainte-Barbe était presque désert quand nous y arrivâmes; l'ivresse de la victoire et l'espoir du pillage en avaient éloigné tout le monde : il y avait à peu près une heure que nous y réfléchissions sur notre sort, lorsqu'un officier s'avança vers nous, et nous proposa d'entrer dans sa tente pour nous garantir de la pluie : cet officier était royaliste, et se nommait Regardin; dès ce moment il devint notre ami à la vie et à la mort. Il ne cessa point de m'en donner les plus fortes preuves tout le temps que j'ai été en prison; il s'exposa pour moi, en vingt occasions, à être fusillé. J'ai fait, sans succès, à mon retour en France, toutes les recherches possibles, pour savoir s'il existait encore : je ne veux point anticiper sur le bien que j'ai à dire de lui; on connaîtra sa noble conduite dans la suite de cette relation.

Dans l'après-midi, tous les prisonniers arrivèrent à Sainte-Barbe; M. le comte de Soulange, lieutenant-général de la marine, et commandant no-

tre régiment, nous dit que l'on devait nous conduire à Auray, et que, pour éviter que nous
fussions attachés, il avait donné sa parole qu'aucun
de nous ne chercherait à s'échapper.

Il était nuit quand la colonne se mit en marche;
outre les émigrés et leurs soldats, elle se composait aussi de chouans et de beaucoup d'habitans
de la presqu'île. Pour conduire tant de monde,
il n'y avait que cent cinquante hommes; de sorte
que les distances de l'un à l'autre étaient au
moins de cent pas. J'avais pris le bras d'un jeune
officier belge de l'escorte, qui ne cessait de m'en-
gager à me sauver. « Arrêtons-nous, me disait-il;
» prétextez quelques besoins, laissons défiler la
» colonne, allez où vous voudrez; les blés sont
» hauts, vous pouvez vous y cacher : partout où
» vous arriverez, vous trouverez un ami. »

Je sentais qu'il avait raison; je fus bien souvent au moment de suivre son conseil; mais la
parole que M. de Soulange avait donnée me paraissait une chaîne que je ne pouvais rompre
sans me déshonorer : puis-je ne pas partager,
disais-je, le sort de mes compagnons, et comment oser reparaître devant eux après les avoir
abandonnés ?

Tels étaient les combats qui se passaient en
moi, entre l'honneur et l'amour de la vie; enfin
l'honneur l'emporta; je m'en suis voulu souvent
de cette délicatesse qui me semblait déplacée,
surtout avec des ennemis qui manquaient eux-

mêmes à la foi jurée et au droit des gens ; mais ce qui me prouve que je fis bien, c'est que tout le corps de la marine fit de même.

Nous arrivâmes à Auray, après neuf heures du soir : la ville avait été illuminée par ordre ; mais tout le pouvoir des représentans ne put empêcher les habitans de pleurer et de nous plaindre sans déguisement.

On nous renferma dans une prison si étroite pour notre grand nombre, que nous étions obligés de nous tenir debout, pressés les uns contre les autres. M. le marquis de Senneville, chef d'escadre, âgé, goutteux, et extrêmement gros, obtint le lendemain un tabouret par grande faveur.

Au jour, les dames d'Auray vinrent nous voir; par leurs prières, elles obtinrent qu'il nous fût permis de nous promener dans la cour. Si ces respectables dames avaient eu parmi nous leurs maris ou leurs frères, elles n'auraient rien fait de plus : elles se distribuaient les rôles : les unes allaient nous chercher tout ce qu'elles avaient; d'autres faisaient notre cuisine, et toutes nous consolaient. Ce tendre intérêt brisait mon cœur; je ne pouvais en supporter les émotions; j'aurais préféré de mauvais traitemens; ils m'auraient fait moins de mal, en me faisant moins regretter la vie.

Je fus témoin, dans cette prison, d'une entrevue déchirante, entre Mme. de Talhouet et son jeune fils : cette malheureuse mère apprenait qu'elle avait perdu son mari, et voyait en même temps son fils au moment de le suivre. Elle espéra le sauver à Vannes, quelque temps après, par le sursis. Hélas! ce sursis ne fut pas pour elle. Son jeune fils succomba : je me tais sur ses douleurs; Dieu permit qu'elle pût supporter coup sur coup tant d'infortunes. Il faut être épouse et mère pour sentir ce qu'elle a souffert.

Mon bon ami, M. Regardin, vint me voir, et m'apprit que nous serions fusillés. Il promit de m'instruire de tout; j'en fis part tout de suite à M. de Soulange, qui ne voulut pas le croire. Ce vieux guerrier était si vertueux, que lorsque la fusillade eut commencé, il ne pouvait même se le persuader : M. de Sombreuil ne se fit jamais illusion.

Parmi nos anges consolateurs, Mme. Omond me témoignait tant d'intérêt que je crus devoir m'adresser à elle : le service que je lui demandais pouvait la perdre; mais que ne brave pas l'être que la religion soutient et que le royalisme enflamme! Elle me fit faire une petite veste et un pantalon en drap très-grossier, couleur ramoneur; je cachais soigneusement ces vêtemens, auxquels dans la suite j'ai dû la vie.

Le lendemain, on nous fit sortir, on nous plaça entre deux rangs de soldats, et, à l'air *Çà ira!* on nous conduisit sur un grand chemin. L'on nous fit aligner contre un mur. M. de Sombreuil, près de qui je me trouvais, me dit qu'il croyait qu'on allait nous fusiller : cela en avait toute l'apparence ; on se contenta cependant de prendre nos noms et de nous compter.

Le jour d'après, M. Regardin vint m'informer que la fusillade avait commencé, et me conseilla de chercher tous les moyens possibles pour me sauver.

Il faut avoir été dans une situation comme la nôtre pour excuser ce que je vais dire. La plus grande partie des troupes étaient sur la côte ; nous n'étions gardés que par une douzaine de soldats ; nous avions des couteaux ; quelques-uns de nous firent le projet d'égorger la garde le soir avant d'être renfermés : rien n'était plus facile à exécuter : la liberté en était le prix ; partout nous étions reçus et cachés.

Au moment d'agir, nous fûmes découverts par un vieil officier du régiment de la Châtre, à qui ses principes religieux prescrivirent cette révélation : je lui dois de n'avoir pas commis un grand crime. On nous resserra alors plus que jamais ; la garde fut doublée, et l'on continua de fusiller.

La gendarmerie vint chercher cent cinquante prisonniers ; Dieu, qui voulait me sauver sans doute, permit que je fusse appelé le cent cinquantième ; je crus que c'était ma dernière heure ; je lui demandai le pardon de ma vie ; j'embrassai ceux qui restaient, et je partis.

Je m'aperçus que les soldats avaient leurs sacs ; alors je réfléchis que j'allais faire une route ; et que je vivrais encore ce jour-là.

Nous fûmes conduits à Vannes ; on nous déposa dans une église : peu après on vint nous chercher pour nous faire faire une promenade comme celle d'Auray, où un municipal vint aussi prendre nos noms, et nous compter.

Retournés dans cette église, nous y trouvâmes une grande partie des habitans, riches et pauvres. La douleur était peinte sur leurs visages ; et les femmes, oh ! les femmes, surtout, ont, dans les plus terribles dangers, une énergie qui leur est particulière : je m'adressai à une dame que je voyais pour la première fois de ma vie, et dont j'ignore encore le nom ; je lui demandai une longue corde, que je me proposais de cacher dans une botte de paille qui me servirait de lit : une heure après, elle me l'apporta elle-même sur le dos : je ne l'ai plus revue.

Avant d'expliquer quel emploi j'espérais faire de cette corde, je dois donner une description de l'église, de ce qui m'y est arrivé, et de ce que j'y ai vu : j'en suis frappé comme si l'événement avait eu lieu hier, et je n'oublierai pas le moindre détail, tant ce tableau m'a fait d'impression.

Qu'on se représente une vaste église dont il ne restait plus que les murs dégradés. Mes premiers regards se portèrent sur une pièce de charpente debout, qui avait servi à supporter des escaliers pour arriver, je pense, à un clocher, ou à des orgues : il existait encore, tout-à-fait dans le haut,

une petite chambre, autant que je pus en juger;
l'idée de m'y cacher me saisit; j'en fis part à
M. de Chaumareix; nous allâmes nous établir au
pied de ce mât, et c'est pour y monter que j'avais
demandé une corde.

La nuit, tous nos efforts ayant été vains, je me
décidai à chercher parmi les prisonniers quelqu'un
de plus agile. Le hasard me le fit rencontrer dans
un aide-pilote, qui se confondit en reconnaissance
et m'assura du succès : en effet, il prit dans ses
dents le bout de la corde, monta le long du mât
avec la plus grande facilité, et il avait déjà la moitié du corps passé dans le clocher quand il se
laissa tomber.

Au bruit qu'il fit, la garde se réveilla, et notre
projet devint impossible. J'adressai la parole à ce
malheureux; il ne donnait aucun signe de vie. Le
croyant mort, nous lui fîmes le signe de la croix,
et le traînâmes à quelques pas de notre paille. Une
heure après, il poussa un profond soupir; nous lui
donnâmes une goutte d'eau-de-vie; il n'avait que
quelques dents cassées et des contusions, la paille
avait amorti sa chute. Nous risquâmes presque autant que lui; il était tombé entre nous deux.

Je restai quelques jours dans cette église; on
prenait nos malheureux compagnons au hasard
pour les conduire à la commission militaire; nous
apprenions ensuite les détails de leurs derniers
momens, et le beau caractère que chacun d'eux

avait montré; et nous nous excitions à les imiter. Je m'en veux, et suis bien coupable de ne pouvoir me rappeler la belle mort que firent MM. de Comblat, de Crétien, de Tressesson, du Paty, du Cluzel, fusillé sur de la paille, de Caux, de Concise, d'Ombidaud, de Kerlerec, de Coetodon, de Cheffontaine, de Baraudin et tant d'autres officiers de la marine. M. de Coetudavel, lieutenant de vaisseau, avait intéressé le président par sa physionomie douce et son air de jeunesse : « Pour » vous, dit celui-ci, vous n'avez pas l'âge sans » doute.—Je vois votre intention, répondit-il, je » vous en sais gré; mais je ne veux pas racheter » ma vie par un mensonge. » MM. de Froger frères, capitaines de vaisseaux, reçurent la mort en héros chrétiens, avec joie et dans les bras l'un de l'autre; tous périrent au cri de *vive le roi!*

Le marquis de Kergariou, capitaine de vaisseau, commandant des gardes du pavillon amiral, fut tué à l'affaire du 16. M. de Kergariou de Loémaria, son frère, montra une fermeté remarquable parmi les émigrés qui furent fusillés au champ des martyrs, près d'Auray. Quand on vint faire l'appel des prisonniers, pour les conduire à la mort, il dit à ses camarades : « Vous n'avez pas besoin » qu'on vous donne l'exemple de mourir; mais » comme votre ancien je réclame l'honneur de » marcher au supplice le premier; » ce qui lui fut accordé. Lorsqu'on attacha les victimes deux à deux, il dit encore : « Faisons mieux, et marchons

» pieds nus, pour imiter la passion de notre Sau-
» veur. »

Il doit exister de lui un bien beau titre dans les archives de sa famille; je veux parler de la lettre qu'il écrivit au moment d'aller au supplice; c'est le testament de mort d'un croisé. J'ai un vif regret de m'en être rappelé trop tard; si j'avais pu en citer le contenu, il eût donné le plus grand intérêt à cette relation.

M. de Lage de Volude, son neveu, jeune officier de la marine et chevalier de Malte, périt avec lui et fut manqué deux fois.

Tant de courage, de piété et de résignation, inspirèrent aux bons habitans de ces contrées cette touchante appellation de *martyrs*, qu'ils donnèrent spontanément à ces héroïques victimes, et dont le nom restera à jamais au lieu de leur supplice.

Le soir nous nous réunissions dans une nef de cette vaste église; on appliquait une seule chandelle contre une des colonnes, et à cette faible lueur, tous à genoux, nous chantions le *de profundis* et le *miserere*. Nous faisions des vœux pour le bonheur de la France et nous demandions à Dieu le pardon de nos ennemis.

Rien n'était plus touchant que de voir nos vieux généraux attendant la mort avec une résignation que la religion seule peut donner. Je ne puis exprimer ce que ces prières avaient de solennel; je craindrais d'être bien au-dessous de la vérité. Mais ce tableau devait être sublime, puisque les soldats de notre garde, chez qui on avait détruit toute croyance, étonnés des sentimens nouveaux que ce spectacle produisait dans leurs cœurs, y assistaient chapeau bas et avec le plus grand respect.

Quant à moi, j'étais au désespoir. C'est une situation affreuse que celle de recevoir la mort en bonne santé. Que doit-il donc se passer dans l'âme de celui qui l'a méritée? Bien des choses que notre religion défend et auxquelles je n'avais attaché aucune idée criminelle, se retraçaient en foule à mon esprit. L'éternité dont je m'étais peu occupé jusqu'alors me remplissait d'effroi; je n'aurais pu supporter encore deux jours un tel état sans mourir.

Dieu eut pitié de moi; parmi mes camarades, le caractère du chevalier de La Villevolette avait beaucoup de rapport avec le mien; nous étions liés par sympathie, et il était, si j'ose le dire, encore plus près que moi d'accuser la Providence. Un matin je le trouve tranquille; l'air serein de sa physionomie me surprend; je lui demande quel prodige a opéré cette métamorphose: alors, avec un air inspiré et un regard qui me pénètre, il me dit: *Mon bon ami, je viens de me confesser; je meurs content.* — De te confesser! et comment as-tu fait? — *Tiens, vas là,* me dit-il en m'indiquant du doigt le fond de la nef.

Au fond de cette nef très-obscure, un prêtre, un saint, couvert de haillons, attendait les malheureux qui allaient au supplice, et les consolait pendant le peu d'instans qu'il avait lui-même encore à vivre. Je vais me jeter à ses pieds ; dans un moment il change tout mon être ; les passions se taisent ; je sens en moi l'impression d'une parfaite résignation unie à l'espérance ; à l'orage qui me dévorait a succédé l'état le plus heureux de ma vie. Oh ! si j'étais mort alors, j'allais au ciel !

Dès-lors l'espoir ne me quitta plus ; Dieu accueillit mon repentir ; je mis toute ma confiance en sa miséricorde, et il me l'accorda puisque je vis.

La mort éclaircissait nos rangs à chaque instant ; mon tour ne pouvait tarder à venir. Je jetai mon uniforme et pris le costume que madame Omond m'avait fait faire à Auray. J'avais laissé à Bruxelles un domestique provençal, grand parleur, dont je connaissais l'histoire ; au besoin j'aurais pu nommer toute sa famille. Quand je fus conduit à la commission militaire, je pris son nom et me fis passer pour lui. Pour être moins reconnu, j'avais eu la précaution de laisser croître ma barbe ; j'avais aussi les cheveux épars, point de bas, et je parlais français comme un paysan de Provence. Tel que je paraissais, personne, je crois, n'eût voulu me rencontrer sur un grand chemin ; mais ce costume de brigand était de rigueur, et peut-être m'a-t-il valu de la bienveillance.

La commission militaire qui allait me juger était réunie dans l'hôtel de Mme. la marquise de Gouvello. Quand j'entrai, je jetai un regard sur les traits des spectateurs, où se peignait le plus grand ef-

froi. Interrogé par le président sur mon émigra-
tion, je répondis que j'étais domestique, et ne
pouvais être considéré comme émigré; que j'avais
suivi M. d'Antrechaus, mon maître, qui me faisait
vivre. Alors le secrétaire de la commission, qui
apparemment n'était pas encore rassasié de car-
nage, me dit : « Vous mentez, citoyen, vous êtes
» émigré; pour le cacher, vous alléguez fausse-
» ment le besoin de vivre; la république vous eût
» donné du pain si vous l'aviez servie, elle n'en a
» jamais refusé à ses enfans; vous êtes un émigré
» déguisé, quelque coquin de noble. » J'allais
chercher à répondre, lorsque le président lui dit :
Écrivez séduction.

A ce mot d'humanité, il me sembla que l'on me
débarrassait d'un poids énorme. Mon cœur se di-
lata, je pus respirer.

Ce mot consolateur fit la même impression sur
l'assemblée; j'entendis un murmure confus pareil
à celui que l'on éprouve au spectacle quand on
est fortement ému, et que de la crainte on passe
à l'espoir. Je ne jetai qu'un regard sur ce bon
président; il dut être bien expressif, puisque je
vis une larme rouler dans ses yeux ; il lui disait :
Vous voulez me sauver la vie.

Cet homme de bien s'appelait Bedos ; à son ac-
cent, je le jugeai du nfidi de la France ; il me dit
de signer ma déposition, à quoi je répondis que
je ne savais pas écrire.

Sa bonne volonté fut cependant infructueuse, et la commission me condamna à mort.

C'est alors que les dames de Vannes, conduites par madame de Talhouet, allèrent se jeter aux pieds de Tallien, et obtinrent un sursis pour les jeunes gens et pour les domestiques.

J'étais avec tous mes camarades dans un salon à attendre mon sort ; quand tous les jugemens furent rendus, un officier municipal entra, et tous ceux qu'il appela furent attachés par la gendarmerie et menés au supplice : je ne fus pas nommé. J'embrassai mes amis que je ne devais plus revoir. Ce moment de séparation fut affreux ; ces martyrs de l'honneur allaient à la mort aux cris de *vive le Roi* et en chantant des cantiques. Je dois dire, avec vérité, que je rougissais de ne pas les suivre.

A peine le bruit des coups de fusils nous eut appris qu'ils n'existaient plus, que notre salon fut rempli par des officiers républicains. Allons, disaient-ils, mes amis, vous êtes sauvés ; la Convention approuvera le sursis ; nous sommes tous Français, buvons ensemble.

Il fallut faire contre fortune bon cœur ; on se mit à boire et à chanter une partie de la nuit. Pour eux, c'était sans doute un jour de bonheur ; mais pour moi, c'était une orgie dégoûtante, dont j'étais forcé de subir la nécessité. J'aurais voulu me recueillir, remercier Dieu, et pleurer mes amis. Bien loin de là, je ne voyais que des gens dans l'ivresse, et j'étais peut-être le seul qui eût conservé la raison.

Avant d'aller subir mon jugement, en embrassant le bon Regardin qui ne m'avait pas quitté, je lui remis malgré lui ma montre, dix guinées, et une tabatière : j'étais heureux de lui donner cette faible preuve de ma reconnaissance, et de ne pas laisser ces objets à ceux qui allaient me fusiller. Quelques jours après que je fus à la tour de Vannes, je pensai que ce bon ami, qui me croyait mort, apprendrait avec plaisir que j'avais eu un sursis. Je sus qu'il était avec sa demi-brigade à quinze lieues de moi ; je lui écrivis pour lui apprendre mon bonheur momentané. Ce galant homme revint à pied me rapporter ce que je lui avais donné : *Reprenez le tout*, me dit-il, *cela peut vous sauver la vie, je vous le laisse ;* il m'embrassa et partit.

Revenons à l'hôtel de Gouvello, où nous passâmes la nuit, en attendant que la tour de Vannes fût débarassée des chouans qui étaient voués à la mort. On parquait ces malheureux, on les mitraillait en masse ; et ceux qui se relevaient à l'invitation réitérée qui leur en était faite, étaient alors fusillés.

Je ne puis me ressouvenir positivement qui ordonnait de sang-froid cette boucherie ; et l'accusation serait trop grave pour la hasarder sans une entière conviction.

Nous fûmes, je crois, cent cinq conduits à la tour des foux. Dans ce nombre, il y avait quelques émigrés, des jeunes gens, et les domestiques du saint évêque de Dol, qui avait été fusillé le premier.

C'est ici que commence pour moi une nouvelle vie. On nous regardait comme sauvés; les dames de Vannes venaient passer la journée avec nous; elles apportaient leurs ouvrages et nous faisaient oublier notre situation. Nous avons dû à leur pitié des jours heureux. La conversation la plus décente et la plus douce mélancolie régnaient dans ces réunions; nous avions quelques poètes; un surtout, le chevalier de Lanjamets, jeune homme accompli sous tous les rapports, et dont l'imagination féconde lui fournissait les plus jolis à-propos sur notre position. Quand l'ordre de la Convention arriva, de fusiller tous ceux qui avaient obtenu un sursis, la plus grande partie des habitans de son village vinrent implorer sa grâce, toute la ville de Vannes se joignit à eux; mais l'humanité était étrangère au cœur du général Lemoine; il fut immolé. Je me rappelle de celui-ci un trait qui fait horreur. Il y avait parmi nous, un des plus jolis hommes que j'aie vus de ma vie, et dont le nom m'est échappé; il avait vingt ans au plus, il dessinait dans la perfection; quelques-uns de ses ouvrages étant parvenus à ce général, il le prit avec lui pour lever des plans et pour faire son portrait; il lui donna sa table, et bientôt celui-ci fut l'ami de tous les officiers de son état-major; nous le regardions comme sauvé. Le jour que cet ordre

affreux arriva, ni ce jeune homme, ni personne,
ne pensait qu'il pût lui être appliqué. Le général
le fait dîner avec lui et le traite encore mieux que
de coutume. A la fin du repas, il boit à sa santé;
après, il appelle un caporal et quatre fusiliers,
et le fait fusiller sous ses fenêtres. Ses officiers furent indignés; et, à la désobéissance près, ils
firent tout pour sauver ce malheureux. S'il en
existe encore quelqu'un, qu'il reçoive ici par
mon témoignage, la récompense de la bonne action qu'il voulut faire.

Les dames de Vannes nous meublèrent de tout
ce que nous pouvions désirer : nous étions nourris
sans savoir par qui, avec la plus grande délicatesse. Des caisses d'excellent vin de Bordeaux ré-
paraient nos forces; en vain nous nous plaignions
de cet excès de générosité; c'était à recommencer
chaque jour, et cela n'a fini qu'après la mort de
tous.

Mais cette douce manière de vivre, en allégeant
mes peines, ne m'empêchait pas de prévoir le
sort qui m'était réservé; tôt ou tard, mon roman
devait être découvert et j'étais perdu. Plusieurs
essais tentés pour m'échapper avec MM. de Bridge *, de Lanjamets, de Saint-George, de Chau-

---

* M. de Bridge me répondit, la dernière fois que je lui
proposai une tentative d'évasion : « Non, mon cher ami,
» j'en ai assez, je veux mourir en paresseux. »

mareix et autres, n'ayant pu réussir, je tournai mes vues d'un autre côté.

Nous avions pour servante de la prison, une fille appelée Manon, qui logeait au donjon au-dessus de nous, dans une espèce de grenier : je parvins à lui persuader d'aller coucher chez le geolier, et de me permettre de porter mon matelas dans sa petite chambre ; M. de Chaumareix y mit aussi le sien. Nous nous y établîmes sous le prétexte que nos jeunes gens faisaient trop de bruit, et personne ne se douta de notre projet. Quand, après six semaines, l'ordre arriva de tout fusiller, la prison fut interdite à nos amis ; j'en fus prévenu le premier par un billet que je trouvai dans une tasse de café au lait qu'un être bienfaisant, que je n'ai pu connaître, trouva moyen de me faire parvenir. Il était temps alors de mettre la servante dans la confidence ; elle se prêta beaucoup plus aisément à notre projet, que nous n'avions osé l'espérer. Il fallait gagner d'abord le geolier ; Manon le fit monter, il fut effrayé de nous voir cachés ; la peur balança quelque temps ses bonnes intentions ; à la fin, son bon cœur l'entraîna. Il promit de nous aider, mais en même temps il nous dit que notre fuite était impossible sans séduire la garde. « Allez, mon ami, » trouver le sergent ; promettez-lui tout ce qu'il » voudra, et surtout ne lui dites pas où nous » sommes. »

Ce bon Breton se chargea de cette dangereuse

commission ; il attendrit le sergent. Cependant tous ses efforts ne purent le décider à essayer de gagner la garde.

Pendant tous ces pourparlers, la fusillade continuait. La fille du geolier, à qui son père avait confié notre secret, s'intéressait à M. Walser; et celui-ci à MM. de Saint-George et de Boissic ; elle exigea de son père que ces messieurs vinssent se cacher avec nous. Quand nous les reçûmes, il ne restait plus que six personnes à fusiller. La garde, qui n'était pas dans la confidence, s'aperçut facilement qu'il manquait trois prisonniers ; elle s'emporta contre le geolier, et menaça de le dénoncer s'ils ne se retrouvaient pas. Alors, ce pauvre geolier, au désespoir, vint nous informer de ce qui se passait, et dire aux trois derniers venus qu'ils eussent à descendre. Nous les embrassâmes et crûmes que c'était leur heure suprême.

Par le hasard le plus heureux pour eux, ou plutôt par la permission de la Providence, la gendarmerie était venue chercher les trois dont ils s'étaient séparés ; et croyant qu'ils étaient les derniers, elle ne revint plus. Ces messieurs se trouvèrent donc seuls dans la prison avec la garde; leur situation était terrible ; il fallait vaincre ou périr. Dieu, qui voulait sans doute les sauver, leur donna le don de persuader, et le marché fut conclu moyennant deux cents louis. (Le louis valait alors près de mille francs.) Quel bonheur nous éprouvâmes quand nous les vîmes revenir, et qu'ils nous eurent appris leur succès !

Nous n'avions à nous cinq que trente guinées ; j'étais, je crois, le plus riche ; j'avais les dix que Regardin m'avait rendues. M. de Saint-George écrivit à une dame, sa parente, dont les bonnes œuvres étaient généralement connues ; c'était madame de Lennevos. Il lui disait que cinq malheureux, que l'on croyait morts, seraient sauvés s'ils avaient deux cents louis. Une heure après, nous eûmes cette somme et dix louis de plus *.

Je n'ai pas besoin de dire avec quelle anxiété nous attendions la nuit pour nous échapper, lorsque malheureusement la prison fut de nouveau remplie de chouans qui nous empêchèrent de sortir.

Nous passâmes trois jours dans notre grenier, sans faire le moindre bruit, souffrant de tout ce

----

* À notre arrivée à Londres, M. Pitt, à qui nous racontâmes ce beau trait, donna ordre en Bretagne à un digne prêtre, dont je parlerai bientôt, de rembourser cette somme. Madame de Lennevos répondit qu'elle y était tout-à-fait étrangère. Voilà la charité chrétienne ! la main gauche ne sait pas ce que donne la droite.

Trente ans se sont écoulés depuis ce don qui nous sauva la vie ; puisse notre libératrice avoir eu de longs jours, et vivre encore pour jouir du bonheur de la France et du triomphe de la bonne cause ; elle pourra lire dans ce petit récit, qui n'est qu'une suite de souvenirs, que ceux du cœur sont trop doux pour ne pas être à l'épreuve du temps.

que la gêne et la nécessité d'un silence absolu avait de plus insupportable.

Dans cet état d'angoisse, nous éprouvâmes une erreur dont je dois parler pour faire encore mieux connaître le caractère de ces bons Vannetais.

Nous avions des effets de toute la ville; quand on nous crut morts, chacun vint les réclamer; les personnes à qui appartenaient ceux dont nous nous servions, ne les trouvant plus dans la prison commune, accusent le geolier de les avoir volés, et veulent venir visiter le grenier. Celui-ci, qui en voit le danger, s'y oppose de toutes ses forces; alors une femme le renverse d'un soufflet, et nous entendons dans notre escalier des cris effroyables. Nous nous crûmes découverts, et nous nous cachâmes machinalement sous nos matelas.

Tout-à-coup, entre, fort en colère, une grande femme maigre, sèche et âgée. Voici, dit-elle, nos matelas; ce coquin voulait les voler. Elle lève celui sous lequel M. de Chaumareix était caché : l'apercevoir et remettre le matelas fut un mouvement aussi prompt que la pensée. Ah! s'écrie-t-elle, je n'ai plus rien ici. Elle dit alors quelques mots en bas breton à celles qui la suivent, et toutes dans le plus grand silence, descendent aussi précipitamment qu'elles étaient montées.

Je ne puis rendre tout ce que je trouve ici de sublime. Cette femme juge à l'instant de toute la responsabilité qui pèse sur sa conduite; elle aperçoit un malheureux, elle oublie qu'elle vient reprendre ce qui lui appartient ; toute idée de propriété cesse, elle se croit dans son secret ; son mouvement de violence est réprimé comme par un talisman ; elle n'a plus qu'un intérêt, celui de le sauver. Humanité, religion, générosité, courage et présence d'esprit, surtout, elle eut besoin de tout cela à la fois. C'est la femme forte ; une autre se fût évanouie, et nous étions perdus *.

Enfin, la prison fut évacuée de ces malheureux chouans ; mes compagnons avaient eu le bonheur de trouver des dames qui venaient tous les soirs, à la porte de la tour, pour nous attendre. Il fut décidé que nous sortirions ce soir-là, à neuf heures.

Quand nous nous présentâmes à la porte, la sentinelle tourna le dos, et nous nous trouvâmes dans la rue avec un caporal qui nous suivait à quelque distance, pour recevoir la récompense promise.

Nous aperçûmes, dans l'obscurité, trois ou quatre femmes dont nous prîmes le bras ; elles nous conduisirent chez elles, sans prononcer une parole ; mais quel fut notre saisissement quand, y étant arrivés, nous n'en reconnûmes pas une seule. Elles s'empressèrent de nous rassurer, et nous firent prendre quelques alimens.

Avant d'aller chez nos amies, qui étaient aussi les leurs, nous donnâmes les deux cents louis au

* Et ce bon geolier qui reçoit des injures et un soufflet sans mot dire !

caporal ; la prudence exigeait qu'il ne sût pas où nous devions aller , et que nos traces fussent perdues.

Nous fûmes reçus par nos amies, comme des prédestinés. Elles nous parlaient avec un respect religieux, et voulurent avoir quelque chose de nous.

Une foule de circonstances heureuses avaient , ainsi qu'on a pu le voir, concouru à notre délivrance ; mais la plus miraculeuse, peut-être, fut que toutes les troupes étant alors sur la côte, où l'on craignait un débarquement, il avait été impossible, pendant seize jours, de relever la garde de notre prison. Nous étions perdus sans cela. Jamais nous n'eussions pu séduire les nouveaux venus, et rien ne pouvait nous assurer la discrétion de ceux qui, en nous quittant, n'avaient plus aucun intérêt à nous ménager.

Quand je croyais ma mort certaine, je m'étais fait à en supporter l'idée avec résignation, comme d'un événement inévitable, et presque avec une sorte de contentement, car c'était la fin d'une continuelle anxiété. La belle cause pour laquelle je perdais la vie, en exaltant mon courage, me faisait trouver de l'orgueil à bien mourir ; je crois que je n'aurais point montré de faiblesse ; mais depuis que j'avais l'espoir de vivre, tout me faisait trembler. Ceux qui ont passé par les mêmes épreuves, ont, je pense, éprouvé la même pusillanimité. Je ressemblais à un convalescent revenu des portes du trépas ; mon âme était craintive, elle avait perdu son ressort ; ma tête était affaiblie, je n'avais plus de force.

Cependant, huit ou dix jours après ma sortie de prison, mon excellente constitution, ma jeunesse, surtout les soins de mes bonnes hôtesses, me rendirent mon énergie ; on n'exerça jamais la charité comme ces respectables dames.

Voici quelle était notre manière de vivre pendant les quinze jours que nous avons passés chez elles. Nous étions tous dans une grande chambre ; à côté de la cheminée était pratiquée une cache, dans laquelle nous pouvions nous mettre en cas de visite. Le reste de la maison était rempli de soldats républicains, qui ne se sont jamais douté qu'ils fussent si près de nous.

Tous les jours, sur une commode de cette chambre, un digne prêtre, déguisé en paysan, nous disait la messe, et plus de trente femmes venaient l'entendre. Je confesse que cette société n'était pas ce qui me plaisait le plus ; je lui faisais l'injure de craindre qu'elle n'eût quelquefois le besoin de parler ; je connaissais peu ces dames, et je leur demande pardon de les avoir si mal jugées. Mes hôtesses, à qui je faisais part de mes terreurs, me disaient en riant, que cela n'était pas possible. Quand j'insistais, elles me regardaient avec un air de supériorité qui me fermait la bouche, et semblait me dire : *Vous nous devez la vie, comment pouvez-vous nous supposer capa-*

bles, par une indiscrétion, de détruire notre ou-vrage? Je rougissais alors de mes craintes, et leur demandais si elles étaient des anges.— *Non, mais des femmes chrétiennes et royalistes.*

Cependant, cet état de tranquillité commençait à nous peser; nous n'avions que trop abusé de la générosité de nos bonnes hôtesses. Malgré le secret qu'elles savaient si bien garder, nous devions finir tôt ou tard par être découverts, et nous les menions à la mort.

Toutes ces réflexions nous déterminèrent, M. de Chaumareix et moi, à courir les hasards de la fuite, tandis que MM. de Saint-George et de Boissie, qui se trouvaient dans leur province, tâcheraient de s'y cacher chez des parens, ainsi que M. Walser.

Ayant fait part à nos dames de notre projet, nous les trouvâmes d'un avis contraire. *Vous ne pouvez,* disaient-elles, *faire un pas sans être arrêtés; toute la côte est couverte de troupes; jamais vous ne passerez. Vos soldats sont enrôlés avec vos ennemis; si un seul vous reconnaît, vous êtes perdus; il vous découvrira pour effacer le crime de vous avoir suivis. Ici, vous n'avez rien à craindre, restez-y tout le temps que vous voudrez.*

Tant de générosité nous pénétrait de la plus vive reconnaissance; nous convenions qu'elles avaient raison, mais nous sentions plus fortement encore le besoin de cesser de leur être à charge:

lorsqu'elles virent que leurs efforts pour nous retenir étaient inutiles, elles s'occupèrent à préparer notre départ.

Nous choisîmes un jour de marché où il y avait un grand mouvement dans les environs ; nous nous déguisâmes en chouans ; un grand chapeau plat, les cheveux épars et bien graisseux, la barbe longue, une grande culotte de toile écrue, une chemise très-grossière, des sabots et point de bas *.

Je portais sous le bras un panier rempli de marmites, que j'étais censé venir d'acheter au marché ; nos incomparables hôtesses nous donnèrent un guide, elles nous recommandèrent à Dieu, nous embrassâmes nos amis, et partîmes.

Nous passâmes sur le lieu où nos malheureux compagnons avaient été fusillés ; le souvenir des amis de notre jeunesse, de nos bons camarades, nous fit éprouver des émotions bien cruelles, nous nous arrêtâmes un moment avec attendrissement; notre conducteur nous arracha à cette douloureuse rêverie, en nous faisant sentir la nécessité de ne pas être remarqués. Nous vîmes sur la promenade de la Garenne une partie de nos soldats ; pas un ne nous reconnut : un caporal allemand que nous avions fait prisonnier au fort Pen-

---

* Jusqu'à mon retour en France, j'ai gardé ces vêtemens, et quand il m'arrivait de n'avoir pas de quoi dîner, je n'avais qu'à les regarder pour cesser de me plaindre ; tous les sermons du monde n'auraient pas valu leur éloquence.

thièvre, et qui s'était enrôlé dans ma compagnie, fut, je crois, le seul qui eut quelques soupçons ; après m'avoir regardé avec la plus grande attention, il se mit à rire, et me tourna le dos.

Notre conducteur nous mena hors la ville dans un jardin où je crois me rappeler que nous couchâmes ; le jardinier à qui il appartenait, venait d'avoir deux fils fusillés ; mais il ne versait pas une larme : « *Ils sont au ciel*, disait-il, *ils sont* » *morts pour leur roi; nous y passerons tous, ou* » *notre cause triomphera !* » Combien il doit être heureux s'il vit encore !

Ce bon Breton n'avait qu'une chambre au rez-de-chaussée, et pour tous meubles, un lit de banc, une table, quelques chaises et un coffre en bois fixé à terre, dans lequel il tenait ses effets. Il y avait pourtant au-dessous de tout cela une cache très-bien faite ; il nous la fit chercher long-temps, on y arrivait par le coffre, il en ôta les hardes, souleva la planche du fond, et nous fit descendre dans un souterrain qui pouvait contenir vingt personnes ; sans le savoir, il eût été impossible de le trouver.

Nous fîmes environ quatre lieues le lendemain, sans rencontrer le moindre obstacle, lorsqu'au détour d'un bois quatre hommes armés de bâtons sortirent d'un fossé, et nous causèrent d'abord de la frayeur; c'étaient des chouans qui venaient pour nous escorter, et à qui notre conducteur nous confia.

Sous ces nouveaux guides, nous marchâmes une partie de la journée à travers champs. Nous passâmes une rivière qui doit être la Marle ; d'autres bateaux la descendaient. *Dépéchons-nous d'arriver*, dirent nos bateliers, ce sont les bleus qui vont piller le village que vous voyez.

Arrivés de l'autre côté de l'eau, nous continuâmes notre route, nos chouans nous menèrent dans une mauvaise cabane couverte en chaume ; là, nous reçut un vénérable curé habillé en pauvre * ; il avait pris ce costume pour exercer plus aisément la charité, et porter dans son bissac le viatique aux malades ; quand il rencontrait les bleus, il leur demandait l'aumône.

Le digne prêtre qui menait cette sainte vie, avait beaucoup d'argent caché dans sa mazure. C'était un homme du plus grand mérite, et un des agens de nos princes ; je ne puis me rappeler son nom, mais il est connu dans toute la Bretagne par ses bonnes œuvres et son courage.

A peine avions-nous pris chez lui un bowl de lait, que nos védettes nous annoncèrent les bleus. Le bon curé assura que nous n'avions rien à craindre ; il déplaça quelques sacs de pommes de terre, ouvrit une trape et nous fit descendre dans une cache plus petite que celle du jardinier, à laquelle elle ressemblait fort, mais elle était moins

---

* C'est le même à qui M. Pitt donna l'ordre de rendre deux cents louis à madame de Lennevos.

bien cachée. Un moment après, les bleus vinrent demander du pain et du lait, et après avoir mangé ils partirent.

A la nuit close, ce vénérable prêtre nous fit partir pour le petit port de Loéinaria, où un canot de la correspondance anglaise venait de temps en temps chercher ceux qui avaient le bonheur d'y parvenir. Comme la côte était garnie de troupes, et que des patrouilles y faisaient continuellement la ronde, pour nous faire éviter de les rencontrer et nous empêcher de nous égarer dans un pays qui nous était tout-à-fait inconnu, il nous donna une religieuse pour guide; elle marchait trente pas en avant de nous; c'était elle qui répondait aux *qui vive* des patrouilles; nous nous blotissions alors jusqu'à ce qu'elles eussent passé.

Avec ces précautions nous arrivâmes sans malheur au bord de la mer; notre religieuse nous conduisit à une mauvaise ferme à cent pas du rivage; au signal qu'elle fit, la porte nous fut ouverte; nous y trouvâmes de bons paysans qui nous reçurent, et nous traitèrent de leur mieux. Après le souper, ils nous conduisirent dans une étable à vaches, qui était isolée de la ferme; on détacha deux de ces animaux de leur auge; après avoir écarté toute la bouze et le foin, nous aperçûmes un trou dans lequel on nous fit entrer; on remit le foin d'où on l'avait ôté, les vaches furent rattachées et l'on nous dit de rester là. La cache dans laquelle nous nous trouvions, pouvait avoir huit pieds en carré, et trois ou quatre en hauteur. Elle était creusée hors de l'écurie sous la terre du champ attenant ; pour la mieux masquer, on avait établi dessus une meule de paille. Une faible lueur qui, dans le jour, y pénétrait à peine par le trou où nous avions passé, nous laissait dans une obscurité presque totale. On avait oublié de nous dire que nous n'y étions pas seuls ; nous y trouvâmes deux chouans tout nus, que nous reconnûmes tels long-temps avant qu'il nous fût possible de les apercevoir.

Nous restâmes deux jours et demi dans ce tombeau : ce que nous avions souffert en prison n'était rien, comparé à nos maux actuels. L'excessive chaleur et la saleté y avaient engendré des millions d'insectes, dont nous étions dévorés : ils s'étaient établis principalement dans la ceinture de notre unique vêtement ; nos reins étaient couverts de plaies, et il nous sortit des boutons par tout le corps.

Je me souviens que lorsque je voulais me procurer la jouissance de respirer un peu, je passais la tête par l'ouverture, au risque d'en détruire l'arrangement, bravant tout ce que je rencontrais ; et les vaches soufflaient sur ma bouche qui cherchait l'air.

Enfin, le troisième jour, un peu avant l'aurore, le canot étant arrivé, nous rendîmes grâces à

Dieu, et partîmes; il nous conduisit derrière un rocher, où nous trouvâmes un chasse-marée, qui nous porta à l'île de Houat. Notre arrivée y causa la plus grande surprise aux malheureux qui s'étaient sauvés avant nous, tels que M. le président Brisson, le baron de Moncrif, le baron de Cheux, MM. de Jouvencel, le chevalier de Montaux et autres. Ils nous avaient crus morts, et, pendant plusieurs jours, chacun venait nous demander des nouvelles d'un parent ou d'un ami, et nous faisait répéter la manière miraculeuse dont nous nous étions sauvés.

M. de Jouvencel, qui avait eu le bonheur de se rembarquer, et de sauver la caisse, me remit trente-deux guinées que M. de la Ferté, à qui je les avais prêtées, lui avait confiées pour moi la veille de notre désastre. Avec cette somme, je n'aurais pu trouver à acheter une chemise; chacun avait sur soi toute sa garde-robe.

Je ne songeais plus, après tant de souffrances, qu'à aller me reposer en Angleterre.

Notre Roi bien-aimé, alors Monseigneur comte d'Artois, était à bord de la frégate *le Jason*, avec le général anglais d'Oyls. Quand j'allai y chercher mon passeport, je n'osais me présenter devant lui dans mon misérable accoûtrement : je n'avais ni bas, ni veste; mais apprenant que j'étais un malheureux officier de la marine, échappé des prisons de Vannes, il voulut

me voir, parut sur le bord au moment où j'allais
m'en éloigner, et avec cette sensibilité que toute
la France lui connaît, il daigna me dire, sur le
malheureux corps de la marine, et pour moi per-
sonnellement, les choses les plus flatteuses, qui
me firent oublier tout ce que j'avais souffert.

IMPRIMERIE MOREAU, RUE MONTMARTRE, N°. 39.